TRANZLATY

Language is for everyone

ژبه د هر چا لپاره ده

Beauty and the Beast

حُناور او بنکلا

Gabrielle-Suzanne Barbot de Villeneuve

English / پښتو

Copyright © 2025 Tranzlaty
All rights reserved
Published by Tranzlaty
ISBN: 978-1-83566-983-9
Original text by Gabrielle-Suzanne Barbot de Villeneuve
La Belle et la Bête
First published in French in 1740
Taken from The Blue Fairy Book (Andrew Lang)
Illustration by Walter Crane
www.tranzlaty.com

There was once a rich merchant

يو وخت يو شتمن سوداګر و

this rich merchant had six children

دغه شتمن سوداګر شپږ اولادونه درلودل

he had three sons and three daughters

هغه درې زامن او درې لوڼې درلودې

he spared no cost for their education

هغه د دوی د زده کړې لپاره هیڅ لګښت نه دی ورکړی

because he was a man of sense

ځکه هغه یو عقلمند سړی وو

but he gave his children many servants

خو هغه خپلو اولادونو ته ډېر نوکران ورکړل

his daughters were extremely pretty

د هغه لوڼې ډېرې ښکلې وې

and his youngest daughter was especially pretty

او د هغه کوچنۍ لور په ځانګړې توګه ښکلې وه

as a child her Beauty was already admired

د ماشوم په توګه د هغې ښکلا لا دمخه ستاینه شوې وه

and the people called her by her Beauty

او خلکو هغه د هغې د ښکلا په نوم یاداوه

her Beauty did not fade as she got older

د هغې ښکلا د زوړوالي په خیر کمه نه شوه

so the people kept calling her by her Beauty

نو خلکو به هغې ته د هغې د ښکلا له امله بلنه ورکوله

this made her sisters very jealous

دې د هغې خویندې ډېرې حسد کړې

the two eldest daughters had a great deal of pride

دوې لویې لوڼې ډېر ویاړ درلود

their wealth was the source of their pride

د دوی شتمني د دوی د غرور سرچینه وه

and they didn't hide their pride either

او خپل غرور یې هم پټ نه کړ

they did not visit other merchants' daughters

دوی د نورو سوداګرو لوڼو ته نه کتل

because they only meet with aristocracy

ځکه چې دوی یوازې د اشرافو سره ملاقات کوي

they went out every day to parties

دوی هره ورځ گوندونو ته تلل

balls, plays, concerts, and so forth

توپونه، لوبی، کنسرتونه او داسی نور

and they laughed at their youngest sister

او دوی په خپله کوچنی خور وخندل

because she spent most of her time reading

ځکه چی هغی خپل دیر وخت په لوستلو تیر کړ

it was well known that they were wealthy

دا ښه معلومه وه چی دوی شتمن وو

so several eminent merchants asked for their hand

نو څو مشهورو سوداگرو خپل لاس وغوښت

but they said they were not going to marry

خو دوی وویل چی واده نه کوي

but they were prepared to make some exceptions

مگر دوی چمتو وو چی ځینی استثناوي وکړي

"perhaps I could marry a Duke"

"شاید زه د دیوک سره واده کولی شم "

"I guess I could marry an Earl"

"زه فکر کوم چی زه کولی شم له ارل سره واده وکړم "

Beauty very civilly thanked those that proposed to her

ښکلا په ډیر مدني ډول د هغو کسانو څخه مننه وکړه چی هغی ته یی وړاندیز وکړ

she told them she was still too young to marry

هغی دوی ته وویل چی هغه لاهم خوانه ده چی واده وکړي

she wanted to stay a few more years with her father

هغی غوښتل چی د خپل پلار سره یو څو نور کلونه پاتی شي

All at once the merchant lost his fortune

په یو وخت کی سوداگر خپل بخت له لاسه ورکړ

he lost everything apart from a small country house

هغه د یو کوچنی هیواد کور پرته هرڅه له لاسه ورکړل

and he told his children with tears in his eyes:

په اوښکو یی خپلو ماشومانو ته وویل :

"we must go to the countryside"

"مور باید کلیوالو ته لاړ شو "

"and we must work for our living"

"او مور باید د خپل ژوند لپاره کار وکړو "

the two eldest daughters didn't want to leave the town

دوې مشرې لوڼې نه غوښتل چي ښار پرېږدي

they had several lovers in the city

دوی په ښار کې څو مینه وال درلودل

and they were sure one of their lovers would marry them

او دوی ډاډه وو چي د دوی یو مینه وال به ورسره واده وکړي

they thought their lovers would marry them even with no fortune

دوی فکر کاوه چي د دوی مینه وال به د دوی سره واده وکړي حتی د بخت سره

but the good ladies were mistaken

مګر ښې میرمنې غلطې وې

their lovers abandoned them very quickly

د دوی مینه والو دوی ډېر ژر پرېښودل

because they had no fortunes any more

ځکه چي دوی نور بخت نه درلود

this showed they were not actually well liked

دا وښودله چي دوی واقعیا ښه نه دي خوښ شوي

everybody said they do not deserve to be pitied

ټولو وویل چي دوی د رحم وړ نه دي

"we are glad to see their pride humbled"

"موږ خوښ یو چي د دوی غرور سپک شوی "

"let them be proud of milking cows"

"راځئ چي د غواګانو په شیدو ویارو "

but they were concerned for Beauty

مګر دوی د ښکلا لپاره اندېښمن وو

she was such a sweet creature

هغه دومره خوږ مخلوق وه

she spoke so kindly to poor people

هغې د بې وزلو خلکو سره په مهربانۍ سره خبرې وکړې

and she was of such an innocent nature

او هغه د دومره معصوم طبیعت څخه وه

Several gentlemen would have married her

څو ښاغلو به ورسره واده کړی وي

they would have married her even though she was poor
دوی به له هغې سره واده کړی وای که څه هم هغه غریبه وه
but she told them she couldn't marry them
خو هغې ورته وویل چې واده نه شي کولای
because she would not leave her father
ځکه چې هغې به خپل پلار نه پریږدي
she was determined to go with him to the countryside
هغې هوډ درلود چې له هغه سره کلیو ته ولاړه شي
so that she could comfort and help him
ترڅو هغه راحت او مرسته ورسره وکړي
Poor Beauty was very grieved at first
بې وزلې ښکلا په لومړي سر کې ډیره غمجنه وه
she was grieved by the loss of her fortune
هغه د خپل بخت له لاسه ورکولو غمجنه وه
"but crying won't change my fortunes"
"خو ژړل به زما بخت نه بدلوي"
"I must try to make myself happy without wealth"
"زه باید هڅه وکړم چې پرته له شتمنۍ ځان خوشحاله کړم"
they came to their country house
دوی د خپل هیواد کور ته راغلل
and the merchant and his three sons applied themselves to husbandry
او سوداګر او د هغه درې زامنو ځانونه په مالدارۍ بوخت کړل
Beauty rose at four in the morning
ښکلا د سهار په څلورو بجو راپورته شوه
and she hurried to clean the house
او هغه د کور پاکولو لپاره بیړه وکړه
and she made sure dinner was ready
او هغې داد تر لاسه کړ چې ډوډۍ چمتو ده
in the beginning she found her new life very difficult
په پیل کې هغې خپل نوی ژوند خورا ستونزمن وموند
because she had not been used to such work
ځکه چې هغې له داسې کار سره عادت نه و
but in less than two months she grew stronger
خو له دوو میاشتو څخه په کمه موده کې هغه پیاوړې شوه
and she was healthier than ever before

او هغه د پخوا په پرتله صحي وه
after she had done her work she read
وروسته له دې چې هغې خپل کار ترسره کړ هغې لوستل
she played on the harpsichord
هغې په هارپسيکورډ لوبه کوله
or she sung whilst she spun silk
يا هغې سندرې ويلې په داسې حال کې چې هغې ورېښم څکول
on the contrary, her two sisters did not know how to spend their time
برعکس، د هغې دوه خويندې نه پوهيدل چې څنګه خپل وخت تير کړي
they got up at ten and did nothing but laze about all day
دوی په لسو بجو پاڅېدل او توله ورځ يې له سستی پرته بل څه ونه کړل
they lamented the loss of their fine clothes
دوی د خپلو ښو جامو په له لاسه ورکولو خواشيني څرګنده کړه
and they complained about losing their acquaintances
او دوی د خپلو آشنايانو له لاسه ورکولو شکايت وکړ
"Have a look at our youngest sister," they said to each other
دوی يو بل ته وويل" :زموږ کوچنۍ خور ته وګورئ ".
"what a poor and stupid creature she is"
"هغه څومره غريب او احمق مخلوق دی "
"it is mean to be content with so little"
"دا په دې معنی ده چې په لږ څه راضي اوسئ "
the kind merchant was of quite a different opinion
د ډول سوداګر يو بل نظر درلود
he knew very well that Beauty outshone her sisters
هغه ښه پوهيده چې ښکلا د هغې خويندو ته زيان رسوي
she outshone them in character as well as mind
هغې دوی ته په کرکتر او ذهن کې مخکښ کړل
he admired her humility and her hard work
هغه د هغې عاجزي او د هغې سخت کار ستاينه وکړه
but most of all he admired her patience
خو تر ټولو زيات يې د هغې د صبر ستاينه وکړه
her sisters left her all the work to do
د هغې خويندو هغې ته ټول کارونه پريښودل
and they insulted her every moment
او دوی هره شيبه د هغې سپکاوی کاوه

The family had lived like this for about a year
کورنۍ شاوخوا یو کال همداسې ژوند کاوه
then the merchant got a letter from an accountant
بیا سوداګر د محاسب څخه یو لیک ترلاسه کړ
he had an investment in a ship
هغه په یوه کښتۍ کې پانګونه کړې وه
and the ship had safely arrived
او کښتۍ په خوندي توګه راورسیده
this news turned the heads of the two eldest daughters
د هغه خبر د دوو لویو لونو سرونه بدل کړل
they immediately had hopes of returning to town
دوی سمدلاسه ښار ته د بیرته راستنیدو هیله درلوده
because they were quite weary of country life
ځکه چې دوی د هیواد له ژوند څخه ډیر ستړي شوي وو
they went to their father as he was leaving
دوی خپل پلار ته لارل کله چې هغه روان و
they begged him to buy them new clothes
هغوی له هغه څخه وغوښتل چې نوي جامي واخلي
dresses, ribbons, and all sorts of little things
جامي، ربنونه، او هر ډول کوچني شیان
but Beauty asked for nothing
مګر ښکلا هیڅ نه وغوښتل
because she thought the money wasn't going to be enough
ځکه چې هغې فکر کاوه چې پیسې به کافي نه وي
there wouldn't be enough to buy everything her sisters wanted
دلته به کافي نه وي چې هر هغه څه واخلي چې د هغې خویندي غواري
"What would you like, Beauty?" asked her father
"څه غواړې، ښکلا؟" له پلاره یې وپوښتل
"thank you, father, for the goodness to think of me," she said
هغې وویل: "له تا څخه مننه، پلاره، زما په اړه د ښه فکر کولو لپاره ".
"father, be so kind as to bring me a rose"
"پلار، دومره مهربانه شه چې ماته ګلاب راوړې "
"because no roses grow here in the garden"
"ځکه چې دلته په باغ کې ګلاب نه وده کوي "

- 6 -

"and roses are a kind of rarity"

"او ګلاب یو ډول نادر دی "

Beauty didn't really care for roses

ښکلا واقعیا د ګلابونو پروا نه درلوده

she only asked for something not to condemn her sisters

هغې یوازي د هغه څه غوښتنه وکړه چې د خپلو خویندو غندنه نه کوي

but her sisters thought she asked for roses for other reasons

خو د هغې خویندو فکر کاوه چې هغې د نورو دلیلونو لپاره د ګلاب غوښتنه وکړه

"she did it just to look particular"

"هغې دا یوازي د ځانګړي لید لپاره وکړل "

The kind man went on his journey

مهربان سړی په خپل سفر روان شو

but when he arrived they argued about the merchandise

خو کله چې هغه راغی دوی د سودا په اړه بحث وکړ

and after a lot of trouble he came back as poor as before

او له ډېر تکلیف وروسته د پخوا په څېر بې وزله راستون شو

he was within a couple of hours of his own house

هغه د خپل کور په څو ساعتونو کې و

and he already imagined the joy of seeing his children

او هغه لا دمخه د خپلو ماشومانو د لیدو خوښۍ تصور کړي

but when going through forest he got lost

خو کله چې له ځنګله تیر شو نو ورک شو

it rained and snowed terribly

باران وشو او ډېره واوره وریدله

the wind was so strong it threw him off his horse

باد دومره زورور و چې هغه یې له آس څخه وغورځاوه

and night was coming quickly

او شپه په چټکۍ سره راغله

he began to think that he might starve

هغه فکر پیل کړ چې شاید وږی شي

and he thought that he might freeze to death

او هغه فکر کاوه چې هغه به مړ شي

and he thought wolves may eat him

او هغه فکر کاوه چې لیوه به هغه وخوري

the wolves that he heard howling all round him

هغه ليوه چې د هغه په شاوخوا کې يې چيغې واوړېدې
but all of a sudden he saw a light

خو ناڅاپه يې يوه رڼا وليده
he saw the light at a distance through the trees

هغه د ونو له لاري په لرې واټن کې رڼا وليده
when he got closer he saw the light was a palace

کله چې نږدې شو نو ويې ليدل چې رڼا يوه ماڼۍ وه
the palace was illuminated from top to bottom

ماڼۍ له پورته څخه ښکته روښانه وه
the merchant thanked God for his luck

سوداګر د خپل بخت لپاره د خدای څخه مننه وکړه
and he hurried to the palace

او هغه په بيړه ماڼۍ ته لاړ
but he was surprised to see no people in the palace

خو هغه حيران شو چې په ماڼۍ کې هيڅوک نه وو
the court yard was completely empty

د محکمې انګړ په بشپړه توګه خالي و
and there was no sign of life anywhere

او هلته د ژوند کومه نښه نه وه
his horse followed him into the palace

آس يې په ماڼۍ کې تعقيب کړ
and then his horse found large stable

او بيا د هغه آس لوی باثباته وموندل
the poor animal was almost famished

غريب څاروی تقريباً وږی و
so his horse went in to find hay and oats

نو د هغه آس د واښو او اورو موندلو لپاره لاړ
fortunately he found plenty to eat

خوشبختانه هغه د خوړلو لپاره ډېر څه وموندل
and the merchant tied his horse up to the manger

او سوداګر خپل آس د خنجر سره وتړل
walking towards the house he saw no one

د کور په لور روان شو، هيڅوک يې ونه ليدل
but in a large hall he found a good fire

مګر په يوه لوی تالار کې هغه يو ښه اور وموند
and he found a table set for one

او هغه د يو لپاره يو ميز پيدا کړ

he was wet from the rain and snow

هغه د باران او واوري څخه لوند و

so he went near the fire to dry himself

نو هغه اور ته نږدې شو چې ځان وچ کړي

"I hope the master of the house will excuse me"

"زه اميد لرم چې د کور مالک به ما بخښي "

"I suppose it won't take long for someone to appear"

"زه فکر کوم چې دا به ډېر وخت ونه نيسي چې يو څوک ښکاره شي "

He waited a considerable time

هغه د پام وړ وخت انتظار وکړ

he waited until it struck eleven, and still nobody came

هغه تر يوولسو بجو پوري انتظار وکړ، خو بيا هم هيڅوک نه دي راغلي

at last he was so hungry that he could wait no longer

په پاى کې هغه دومره وږي شو چې نور يې انتظار نشو کولى

he took some chicken and ate it in two mouthfuls

هغه يو څه چرګ واخيستل او په دوه خولو يې وخوړل

he was trembling while eating the food

هغه د ډوډۍ خوړلو پر مهال لړزېده

after this he drank a few glasses of wine

له دې وروسته يې يو څو ګيلاس شراب وڅښل

growing more courageous he went out of the hall

هغه نور هم زړور شو او له تالار څخه ووت

and he crossed through several grand halls

او هغه د څو لويو تالارونو څخه تېر شو

he walked through the palace until he came into a chamber

هغه د ماڼۍ څخه تېر شو تر هغه چې هغه يوې کوټې ته ننوت

a chamber which had an exceeding good bed in it

يوه خونه چې په هغې کې خورا ښه بستر و

he was very much fatigued from his ordeal

هغه د خپل امتحان څخه ډېر ستړى شوى و

and the time was already past midnight

او وخت لا دمخه نيمه شپه وه

so he decided it was best to shut the door

نو هغه پرېکړه وکړه چې دا غوره ده چې دروازه وتړي

and he concluded he should go to bed

او هغه پایله وکړه چي هغه باید بستر ته لار شي

It was ten in the morning when the merchant woke up

د سهار لس بجي وي چي سوداګر له خوبه راویښ شو

just as he was going to rise he saw something

لکه څنګه چي هغه پورته کیږي هغه یو څه ولید

he was astonished to see a clean set of clothes

هغه د پاکو جامو په لیدو حیران شو

in the place where he had left his dirty clothes

په هغه ځای کي چیري چي هغه خپلي ناپاکي جامي پریښي وي

"certainly this palace belongs to some kind fairy"

"یقینا دا ماڼۍ د یو ډول پري پوري اړه لري"

"a fairy who has seen and pitied me"

"یوه پري چي ما لیدلی او رحم یي کړی"

he looked through a window

هغه د کړکۍ له لاري وکتل

but instead of snow he saw the most delightful garden

خو د واورو پر ځای يي تر ټولو خوندور باغ ولید

and in the garden were the most beautiful roses

او په باغ کي تر ټولو ښکلي ګلابونه وو

he then returned to the great hall

هغه بیا لوی تالار ته راستون شو

the hall where he had had soup the night before

هغه تالار چیري چي هغه تیره شپه سوپ خوړلی و

and he found some chocolate on a little table

او هغه په یوه کوچني میز کي یو څه چاکلیټ وموندل

"Thank you, good Madam Fairy," he said aloud

"مننه، ښه مادام پري، "هغه په لوړ غږ وویل

"thank you for being so caring"

"د دومره پاملرني لپاره مننه"

"I am extremely obliged to you for all your favours"

"زه ستاسو د ټولو احسانونو لپاره تاسو ته ډیر اړ یم"

the kind man drank his chocolate

مهربان سړي خپل چاکلیټ وڅښل

and then he went to look for his horse

او بیا هغه د خپل آس په لټه کي شو

but in the garden he remembered Beauty's request

مګر په باغ کې هغه د بښکلا غوښتنه په یاد کړه

and he cut off a branch of roses

او د ګلاب یوه څانګه یې پرې کړه

immediately he heard a great noise

سمدلاسه هغه یو لوی شور واورید

and he saw a terribly frightful Beast

او هغه یو ډېر دارونکی حیوان ولید

he was so scared that he was ready to faint

هغه دومره وېرېده چې بې هوښه کېدو ته چمتو شو

"You are very ungrateful," said the Beast to him

حیوان ورته وویل: ته ډېر ناشکره یې

and the Beast spoke in a terrible voice

او حیوان په دارونکي غږ خبرې وکړې

"I have saved your life by allowing you into my castle"

"ما تاسو ته زما قلعې ته په اجازه ورکولو سره ستاسو ژوند ژغورلی دی"

"and for this you steal my roses in return?"

"او د دې په بدل کې تاسو زما ګلابونه غلا کوئ؟"

"The roses which I value beyond anything"

"هغه ګلابونه چې زه یې له هر څه څخه ډېر ارزښت لرم"

"but you shall die for what you've done"

"مګر تاسو به د هغه څه لپاره مړ شئ چې تاسو یې کړي دي"

"I give you but a quarter of an hour to prepare yourself"

"زه تاسو ته یوازې یو ساعت درکوم چې ځان چمتو کړئ"

"get yourself ready for death and say your prayers"

"مرګ ته ځان چمتو کړه او دعا وکړه"

the merchant fell on his knees

سوداګر په زنګنو کېناست

and he lifted up both his hands

او خپل دواړه لاسونه یې پورته کړل

"My lord, I beseech you to forgive me"

"زما ربه، زه له تاسو څخه غوښتنه کوم چې ما ته بښنه وکړې"

"I had no intention of offending you"

"ما ستاسو د خورولو نیت نه درلود"

"I gathered a rose for one of my daughters"

"ما د خپلې يوې لور لپاره ګلاب راتول کړ"
"she asked me to bring her a rose"
"هغې له ما څخه وغوښتل چې هغې ته ګلاب راوړم "
"I am not your lord, but I am a Beast," replied the monster
شيطان ځواب ورکړ " :زه ستاسو څښتن نه يم، مګر زه يو حيوان يم ".
"I don't love compliments"
"زه د ستاينې سره مينه نه لرم "
"I like people who speak as they think"
"زه هغه خلک خوښوم چې خبرې کوي لکه څنګه چې دوی فکر کوي "
"do not imagine I can be moved by flattery"
"فکر مه کوئ چې زه د خوشالی له لارې حرکت کولی شم "
"But you say you have got daughters"
"مګر تاسو واياست چې تاسو لورګانې لرئ "
"I will forgive you on one condition"
"زه به په يوه شرط بخښنم "
"one of your daughters must come to my palace willingly"
"ستاسو يوه لور بايد زما مانۍ ته په خپله خوښه راشي "
"and she must suffer for you"
"او هغه بايد ستاسو لپاره درد وکړي "
"Let me have your word"
"اجازه راکړئ چې خپله خبره وکړم "
"and then you can go about your business"
"او بيا تاسو کولی شئ خپل سوداګرۍ ته لاړ شئ "
"Promise me this:"
"له ما سره دا ژمنه وکړه ":
"if your daughter refuses to die for you, you must return within three months"
"که ستاسو لور ستاسو لپاره له مرګ څخه انکار وکړي، تاسو بايد په دريو مياشتو کې بيرته راستانه شئ "
the merchant had no intentions to sacrifice his daughters
سوداګر د خپلو لونو د قربانولو اراده نه درلوده
but, since he was given time, he wanted to see his daughters once more

خو کله چې هغه ته وخت ورکړل شوی و، غوښتل یې یو څل بیا خپلې لونې ووینې

so he promised he would return

نو هغه ژمنه وکړه چې بیرته به راشي

and the Beast told him he might set out when he pleased

او حیوان ورته وویل چې هغه کولی شي کله چې وغواړي لاړ شي

and the Beast told him one more thing

حیوان ورته یوه بله خبره هم وکړه

"you shall not depart empty handed"

"تاسو به خالي لاس مه پریږدئ"

"go back to the room where you lay"

"بیا هغه کوټي ته لاړ شئ چیرې چې تاسو پروت یاست"

"you will see a great empty treasure chest"

"تاسو به یوه لویه خالي خزانه وګورئ"

"fill the treasure chest with whatever you like best"

"د خزانې سینه د هر هغه څه سره ډک کړئ چې تاسو یې غوره غواړئ"

"and I will send the treasure chest to your home"

"او زه به د خزانې سینه ستاسو کور ته ولیږم"

and at the same time the Beast withdrew

او په عین وخت کې حیوان بیرته لاړ

"Well," said the good man to himself

"ښه، "ښه سړي له ځان سره وویل

"if I must die, I shall at least leave something to my children"

"که زه مړ شم، زه به لږترلږه خپلو ماشومانو ته یو څه پریږدم"

so he returned to the bedchamber

نو هغه بیرته د خوب خونې ته راغی

and he found a great many pieces of gold

او هغه د سرو زرو ډیرې ټوټې وموندلې

he filled the treasure chest the Beast had mentioned

هغه د خزانې سینه ډکه کړه چې حیوان یې یادونه کړې وه

and he took his horse out of the stable

او خپل آس یې له مستۍ څخه راوویست

the joy he felt when entering the palace was now equal to the grief he felt leaving it

هغه خوښي چي هغه ماني ته د ننوتلو په وخت کي احساس کړه اوس د هغه غم سره مساوي وه چي هغه يي د وتلو احساس کاوه

the horse took one of the roads of the forest

آس د ځنګل يوه لاره ونيوله

and in a few hours the good man was home

او په څو ساعتونو کي ښه سړی کور ته لاړ

his children came to him

د هغه ماشومان هغه ته راغلل

but instead of receiving their embraces with pleasure, he looked at them

خو د دي پر ځای چي په خوښۍ سره د دوی غيږونه ترلاسه کړي، دوی ته يي وکتل

he held up the branch he had in his hands

هغه هغه څانګه چي په لاسونو کي يي درلوده ونيوله

and then he burst into tears

او بيا يي اوښکي توېي کړې

"Beauty," he said, "please take these roses"

"ښکلا،" هغه وويل، "مهرباني وکړئ دا ګلابونه واخلئ"

"you can't know how costly these roses have been"

"تاسو نه پوهېږئ چي دا ګلابونه څومره ګران دي"

"these roses have cost your father his life"

"دا ګلاب ستاسو پلار خپل ژوند قیمت کړی"

and then he told of his fatal adventure

او بيا يي د خپل وژونکي جرات په اړه وويل

immediately the two eldest sisters cried out

سمدلاسه دوه لوی خويندو چیغي وکړې

and they said many mean things to their beautiful sister

او دوی خپلي ښکلي خور ته ډېری معنی لرونکي شيان وويل

but Beauty did not cry at all

خو ښکلا په هیڅ ډول ژړا نه وه

"Look at the pride of that little wretch," said they

دوی وويل: "د دي کوچني بدبخت غرور ته وګورئ".

"she did not ask for fine clothes"

"هغي د ښو جامو غوښتنه نه وه کړي"

"she should have done what we did"

"هغې باید هغه څه کړي وای چې موږ یې وکړل "

"she wanted to distinguish herself"

"هغې غوښتل خپل ځان وپیژني "

"so now she will be the death of our father"

"نو اوس به هغه زموږ د پلار مړینه وي "

"and yet she does not shed a tear"

"او بیا هم هغه اوښکې نه تویوي "

"Why should I cry?" answered Beauty

"زه ولې ژاړم؟ "ښکلا ځواب ورکړ

"crying would be very needless"

"ژاړه به بې ضرورته وي "

"my father will not suffer for me"

"زما پلار به زما لپاره درد ونه کړي "

"the monster will accept of one of his daughters"

"شیطان به د هغه یوه لور ومني "

"I will offer myself up to all his fury"

"زه به خپل ځان د هغه ټول قهر ته وړاندې کړم "

"I am very happy, because my death will save my father's life"

"زه ډیر خوشحاله یم، ځکه چې زما مرګ به زما د پلار ژوند وژغوري "

"my death will be a proof of my love"

"زما مرګ به زما د مینې ثبوت وي "

"No, sister," said her three brothers

"نه، خور، "د هغې درې ورونو وویل

"that shall not be"

"دا به نه وي "

"we will go find the monster"

"موږ به شیطان پیدا کړو "

"and either we will kill him..."

"او یا به موږ هغه ووژنو "...

"... or we will perish in the attempt"

..."یا موږ به په هڅه کې له منځه یوسو "

"Do not imagine any such thing, my sons," said the merchant

سوداګر وویل" :زما زامنو داسي هیڅ تصور مه کوئ ".

"the Beast's power is so great that I have no hope you could overcome him"

"د حیوان څواک دومره لوی دی چي زه هیڅ امید نلرم چي تاسو به په هغه بریالي شئ "

"I am charmed with Beauty's kind and generous offer"

"زه د ښکلا د مهربانۍ او سخاوت وراندیز سره مینه لرم "

"but I cannot accept to her generosity"

"مګر زه نشم کولی د هغي سخاوت ومنم "

"I am old, and I don't have long to live"

"زه زوړ شوی یم، او زه ډیر ژوند نه لرم "

"so I can only loose a few years"

"نو زه کولی شم یوازي څو کاله له لاسه ورکړم "

"time which I regret for you, my dear children"

"هغه وخت چي زه ستاسو لپاره افسوس کوم، زما ګرانو ماشومانو "

"But father," said Beauty

"مګر پلار، "ښکلا وویل

"you shall not go to the palace without me"

"تاسو به زما پرته ماڼۍ ته نه ځم "

"you cannot stop me from following you"

"تاسو نشئ کولی ما د خپل تعقیب څخه منع کړئ "

nothing could convince Beauty otherwise

هیڅ شی نشي کولی بل دول ښکلا قانع کړي

she insisted on going to the fine palace

هغي ټینګار وکړ چي ښې ماڼۍ ته لاړ شي

and her sisters were delighted at her insistence

او د هغي خویندي د هغي په اصرار خوښي وي

The merchant was worried at the thought of losing his daughter

سوداګر د خپلي لور له لاسه ورکولو په فکر کي و

he was so worried that he had forgotten about the chest full of gold

هغه دومره اندېښمن و چي د سرو زرو ډکه سینه یی هیره کړي وه

at night he retired to rest, and he shut his chamber door

په شپه کې هغه د استراحت لپاره تقاعد شو او د خپلې خونې دروازه یې وتړله
then, to his great astonishment, he found the treasure by his bedside
بیا، د هغه لوی حیرانتیا لپاره، هغه خزانه د خپل بستر په څنګ کې وموندله
he was determined not to tell his children
هغه هوډ درلود چې خپلو ماشومانو ته ونه وایي
if they knew, they would have wanted to return to town
که دوی پوهیدلي، دوی به غوښتل ښار ته راستانه شي
and he was resolved not to leave the countryside
او هغه هوډ وکړ چې د کلیوالو سیمو نه پریږدي
but he trusted Beauty with the secret
خو هغه د ښکلا په راز باور درلود
she informed him that two gentlemen had came
هغې ورته خبر ورکړ چې دوه ښاغلي راغلي دي
and they made proposals to her sisters
او د هغې خویندو ته یې وړاندیز وکړ
she begged her father to consent to their marriage
هغې له خپل پلار څخه وغوښتل چې د دوی واده ته رضایت ورکړي
and she asked him to give them some of his fortune
او له هغه څخه یې وغوښتل چې دوی ته د هغه څه برخه ورکړي
she had already forgiven them
هغې لا دمخه دوی بخښلي وو
the wicked creatures rubbed their eyes with onions
بدکارو مخلوقاتو خپلې سترګې په پیازو مسح کړې
to force some tears when they parted with their sister
کله چې دوی له خپلې خور سره جلا شول ځیني اوښکې به یې مجبور کړي
but her brothers really were concerned
مګر د هغې ورونه واقعیا اندیښمن وو
Beauty was the only one who did not shed any tears
ښکلا یوازینۍ وه چې اوښکې یې نه تویولې
she did not want to increase their uneasiness
هغې نه غوښتل چې د دوی ناخوښي زیاته کړي
the horse took the direct road to the palace

آس د مانۍ په مستقیمه لاره ونیو

and towards evening they saw the illuminated palace

او د ماښام په لور یې روښانه مانۍ ولیده

the horse took himself into the stable again

آس یو ځل بیا د استقلال په لور روان شو

and the good man and his daughter went into the great hall

او نیک سړی او د هغه لور لوی تالار ته لاړل

here they found a table splendidly served up

دلته دوی یو میز وموند چې په ښه توګه خدمت شوی

the merchant had no appetite to eat

سوداګر د خوړلو اشتها نه درلوده

but Beauty endeavoured to appear cheerful

مګر ښکلا هڅه وکړه چې خوشحاله ښکاري

she sat down at the table and helped her father

هغه په میز کې کښېناست او د خپل پلار سره یې مرسته وکړه

but she also thought to herself:

خو هغې هم له ځانه سره فکر وکړ :

"Beast surely wants to fatten me before he eats me"

"حیوان خامخا غواړي مخکې له دې چې ما وخوري ما غوړ کړي "

"that is why he provides such plentiful entertainment"

"له همدې امله هغه دومره پراخه تفریح چمتو کوي "

after they had eaten they heard a great noise

وروسته له هغه چې دوی وخوړل، دوی یو لوی شور واورېد

and the merchant bid his unfortunate child farewell, with tears in his eyes

او سوداګر خپل بدبخت ماشوم په سترګو کې له اوښکو سره الوداع وکړه

because he knew the Beast was coming

ځکه چې هغه پوهېده چې حیوان راځي

Beauty was terrified at his horrid form

ښکلا د هغه په وحشتناک شکل ډارېده

but she took courage as well as she could

خو هغې هم جرئت وکړی لکه څنګه چې کولی شي

and the monster asked her if she came willingly

او شیطان له هغې څخه وپوښتل چې آیا هغه په خوښۍ راغلې؟

"yes, I have come willingly," she said trembling

"هو، زه په خپله خوښه راغلی یم، "هغې په لړزېدو وویل

the Beast responded, "You are very good"

حیوان ځواب ورکړ :تاسو ډیر ښه یاست .

"and I am greatly obliged to you; honest man"

"او زه تاسو ته ډیر مکلف یم؛ صادق سړی "

"go your ways tomorrow morning"

"سبا سهار خپلې لارې ته لاړ شه "

"but never think of coming here again"

"مګر هیڅکله بیا دلته د راتلو فکر مه کوئ "

"Farewell Beauty, farewell Beast," he answered

"د الوداع ښکلا، الوداع حیوان، "هغه ځواب ورکړ

and immediately the monster withdrew

او سمدلاسه شیطان بیرته لاړ

"Oh, daughter," said the merchant

"اې لور، "سوداګر وویل

and he embraced his daughter once more

او یو ځل بیا یې خپله لور په غیږ کې ونیوله

"I am almost frightened to death"

"زه تقریبا له مرګه ویره لرم "

"believe me, you had better go back"

"په ما باور وکړه، تاسو به ښه بیرته لاړ شئ "

"let me stay here, instead of you"

"اجازه راکړئ چې ستاسو پر ځای دلته پاتې شم "

"No, father," said Beauty, in a resolute tone

"نه، پلار، "ښکلا په هودمن غږ وویل

"you shall set out tomorrow morning"

"تاسو سبا سهار روان شئ "

"leave me to the care and protection of providence"

"ما پرېږده د پرودنس پاملرنې او ساتنې ته "

nonetheless they went to bed

په هرصورت دوی بستر ته لاړل

they thought they would not close their eyes all night

دوی فکر کاوه چې ټوله شپه به سترګې پټې نه کړي

but just as they lay down they slept

مګر لکه څنګه چې دوی ویده شول دوی ویده شول
Beauty dreamed a fine lady came and said to her:
ښایست خوب ولید یوه ښایسته ښځه راغله او ورته یې وویل :
"I am content, Beauty, with your good will"
"زه خوښ یم، ښکلا، ستاسو د ښه ارادې سره "
"this good action of yours shall not go unrewarded"
"ستاسو دا نیک عمل به بې ګټې نه وي "
Beauty waked and told her father her dream
ښکلا له خوبه راویښ شوه او پلار ته یې خپل خوب وویل
the dream helped to comfort him a little
خوب د هغه لږ آرام کولو کې مرسته وکړه
but he could not help crying bitterly as he was leaving
خو هغه د وتلو په وخت کې په ژړا کې مرسته نه کوله
as soon as he was gone, Beauty sat down in the great hall and cried too
کله چې هغه لاړ، ښکلا په لوی تالار کې کېناسته او ژړل یې
but she resolved not to be uneasy
مګر هغې پریکړه وکړه چې ناامنه نه وي
she decided to be strong for the little time she had left to live
هغې پریکړه وکړه چې د لږ وخت لپاره قوي وي چې ژوند کولو ته یې پاتې وه
because she firmly believed the Beast would eat her
ځکه چې هغې په کلکه باور درلود چې حیوان به یې وخوري
however, she thought she might as well explore the palace
په هرصورت، هغې فکر کاوه چې هغه به هم د مانۍ پلټنه وکړي
and she wanted to view the fine castle
او هغې غوښتل چې ښه کلا وګوري
a castle which she could not help admiring
یوه کلا چې هغه یې په ستاینه کې مرسته نشي کولی
it was a delightfully pleasant palace
دا یوه په زړه پورې او خوندوره مانۍ وه
and she was extremely surprised at seeing a door
او هغه د دروازې په لیدو ډیره حیرانه شوه
and over the door was written that it was her room
او د دروازې په سر لیکل شوي وو چې دا د هغې کوټه وه
she opened the door hastily

هغې په بيړه دروازه خلاصه کړه
and she was quite dazzled with the magnificence of the room
او هغه د کوټې له عظمت څخه ډيره حيرانه وه
what chiefly took up her attention was a large library
هغه څه چې په عمده توګه د هغې پام خانته اړولی يو لوی کتابتون و
a harpsichord and several music books
يو هارپسيکورډ او د موسيقۍ څو کتابونه
"Well," said she to herself
"ښه، "هغې خان ته ووېل
"I see the Beast will not let my time hang heavy"
"زه ګورم چې حيوان به زما وخت دروند نه پرېږدي "
then she reflected to herself about her situation
بيا هغې خپل خان ته د خپل وضعيت په اړه انعکاس وکړ
"If I was meant to stay a day all this would not be here"
"که زه د يوې ورځې پاتې کېدو لپاره دا ټول دلته نه وای "
this consideration inspired her with fresh courage
دې فکر هغې ته د نوي زړورتيا الهام ورکړ
and she took a book from her new library
او له خپل نوي کتابتون څخه يې يو کتاب واخيست
and she read these words in golden letters:
او هغې دا ټکي په زرين حروف کې لوستل :
"Welcome Beauty, banish fear"
"ښکلا ته ښه راغلاست ، وېره لرې کړئ "
"You are queen and mistress here"
"تاسو دلته ملکه او مالکه ياست "
"Speak your wishes, speak your will"
"خپلې هيلې ووايه، خپله اراده ووايه "
"Swift obedience meets your wishes here"
"چټک اطاعت دلته ستاسو هيلې پوره کوي "
"Alas," said she, with a sigh
"افسوس، "هغې په يوه ساه وويل
"Most of all I wish to see my poor father"
"له ټولو څخه غواړم چې خپل غريب پلار ووينم "

"and I would like to know what he is doing"

"او زه غواړم پوه شم چې هغه څه کوي"

As soon as she had said this she noticed the mirror

کله چې هغې دا خبرې کولې، هغې عکس ته پام شو

to her great amazement she saw her own home in the mirror

هغې په ډیر حیرانتیا سره خپل کور په عکس کې ولید

her father arrived emotionally exhausted

د هغې پلار په احساساتي توګه ستړی شوی

her sisters went to meet him

د هغې خویندې د هغه لیدو ته لاړې

despite their attempts to appear sorrowful, their joy was visible

سره له دې چې د دوی د غمجنو هڅو سره سره، د دوی خوښي ښکاره وه

a moment later everything disappeared

یوه شیبه وروسته هرڅه ورک شول

and Beauty's apprehensions disappeared too

او د ښکلا اندیښنې هم له منځه ولاړې

for she knew she could trust the Beast

ځکه چې هغه پوهیده چې هغه کولی شي په حیوان باور وکړي

At noon she found dinner ready

په ماسپښین کې هغې د ماښام ډوډۍ چمتو وموندله

she sat herself down at the table

هغه ځان په میز کې کښېناوه

and she was entertained with a concert of music

او هغې ته د موسیقۍ کنسرت ورکړل شو

although she couldn't see anybody

که څه هم هغې هیڅوک نشي لیدلی

at night she sat down for supper again

په شپه کې هغه بیا د ډوډۍ لپاره کېناسته

this time she heard the noise the Beast made

دا ځل هغې د حیوان غږ واورېد

and she could not help being terrified

او هغې نشو کولی په ویره کې مرسته وکړي

"Beauty," said the monster

"ښکلا، "شیطان وویل

"do you allow me to eat with you?"

"ایا تاسو اجازه راکړئ چې تاسو سره وخورم؟ "
"do as you please," Beauty answered trembling
"لکه څنګه چې خوښه وي هغه وکړئ، "ښکلا په لرزېدو ځواب ورکړ
"No," replied the Beast
"نه، "حیوان ځواب ورکړ
"you alone are mistress here"
"تاسو دلته یوازې مالک یاست "
"you can send me away if I'm troublesome"
"که زه مشکل وم، تاسو کولی شئ ما لیرې کړئ "
"send me away and I will immediately withdraw"
"ما لیرې کړه او زه به سمدلاسه وباسم "
"But, tell me; do you not think I am very ugly?"
"مګر، ما ته ووایه، تاسو فکر نه کوئ چې زه ډېر بدمرغه یم؟ "
"That is true," said Beauty
"دا رښتیا ده، "ښکلا ووېل
"I cannot tell a lie"
"زه دروغ نشم ویلای "
"but I believe you are very good natured"
"مګر زه باور لرم چې تاسو ډېر ښه طبیعت یاست "
"I am indeed," said the monster
شیطان ووېل" :زه واقعیا یم ".
"But apart from my ugliness, I also have no sense"
"مګر زما د بدمرغۍ سربېره، زه هم هېڅ احساس نه لرم "
"I know very well that I am a silly creature"
"زه ښه پوهېږم چې زه یو احمق مخلوق یم "
"It is no sign of folly to think so," replied Beauty
ښکلا ځواب ورکړ" :دا د حماقت نښه نه ده چې داسې فکر وکړي ".
"Eat then, Beauty," said the monster
"بیا وخورئ، ښکلا، "شیطان ووېل
"try to amuse yourself in your palace"
"هڅه وکړه چې په خپله ماڼۍ کې خان ساته "
"everything here is yours"
"دلته هر څه ستا دي "

"and I would be very uneasy if you were not happy"

"او زه به ډیر ناخوښه وم که تاسو خوشحاله نه وای "

"You are very obliging," answered Beauty

"تاسو ډیر مجبور یاست، "ښکلا ځواب ورکړ

"I admit I am pleased with your kindness"

"زه اعتراف کوم چې زه ستاسو له مهربانۍ څخه خوښ یم "

"and when I consider your kindness, I hardly notice your deformities"

"او کله چې زه ستاسو مهربانۍ په پام کې نیسم، زه په سختۍ سره ستاسو نیمګړتیاوې ګورم "

"Yes, yes," said the Beast, "my heart is good

"هو، هو، "حیوان وویل،" زما زړه ښه دی

"but although I am good, I am still a monster"

"مګر که څه هم زه ښه یم، زه لاهم یو شیطان یم "

"There are many men that deserve that name more than you"

"ډیری نارینه شته چې د دې نوم مستحق دي ستاسو څخه ډیر "

"and I prefer you just as you are"

"او زه تاسو ته ترجیح ورکوم لکه څنګه چې تاسو یاست "

"and I prefer you more than those who hide an ungrateful heart"

"او زه تا له هغه چا څخه غوره ګنم چې د ناشکرۍ زړه پټوي "

"if only I had some sense," replied the Beast

حیوان ځواب ورکړ" :که یوازې ما یو څه عقل درلود ".

"if I had sense I would make a fine compliment to thank you"

"که زه احساس وم زه به ستاسو د مننه کولو لپاره ښه ستاینه وکړم "

"but I am so dull"

"مګر زه ډیر ستړی یم "

"I can only say I am greatly obliged to you"

"زه یوازې کولی شم ووایم چې زه تاسو ته ډیر اړ یم "

Beauty ate a hearty supper

ښکلا په زړه پورې ډوډۍ وخوړله

and she had almost conquered her dread of the monster

او هغې تقریبا د هغه د شیطان ویره فتح کړې وه

but she wanted to faint when the Beast asked her the next question
خو هغې غوښتل بې هوښه شي کله چې حیوان له هغې بله پوښتنه وکړه
"Beauty, will you be my wife?"
"ښکلا، ته به زما ښځه شې؟ "
she took some time before she could answer
هغې یو څه وخت واخیست مخکې له دې چې ځواب ورکړي
because she was afraid of making him angry
ځکه چې هغه د هغه د غوسه کولو څخه ویره درلوده
at last, however, she said "no, Beast"
په پای کې، هغې وویل" نه، حیوان "
immediately the poor monster hissed very frightfully
سمدلاسه غریب شیطان په ډیره ویره سره چیغې کړې
and the whole palace echoed
او په ټوله ماڼۍ کې غږ پورته شو
but Beauty soon recovered from her fright
مګر ښکلا ډیر ژر د هغې ویره څخه بیرته راګرځیدله
because Beast spoke again in a mournful voice
ځکه چې حیوان بیا په غمجن غږ خبرې وکړې
"then farewell, Beauty"
"بیا الوداع، ښکلا "
and he only turned back now and then
او هغه یواځې او بیا بیرته راستون شو
to look at her as he went out
د هغې د لیدلو لپاره کله چې هغه بهر لاړ
now Beauty was alone again
اوس ښکلا بیا یوازې وه
she felt a great deal of compassion
هغې د ډیر شفقت احساس وکړ
"Alas, it is a thousand pities"
"افسوس، دا د زرګونو افسوس دی "
"anything so good natured should not be so ugly"
"هر څه چې ښه طبیعت ولري باید دومره بد نه وي "
Beauty spent three months very contentedly in the palace
ښاپیرۍ درې میاشتې په ډیره قناعت سره په ماڼۍ کې تیرې کړې

every evening the Beast paid her a visit

هر ماښام حیوان د هغې لیدنه کوله

and they talked during supper

او دوی د ډوډۍ پر مهال خبرې وکړې

they talked with common sense

دوی د عقل سره خبرې وکړې

but they didn't talk with what people call wittiness

خو دوی له هغه چا سره خبرې ونه کړې چې خلک یې شاهدان بولي

Beauty always discovered some valuable character in the Beast

ښکلا تل په حیوان کې ځینې ارزښتناک شخصیتونه موندلي

and she had gotten used to his deformity

او هغه د هغه د خرابوالي سره عادت شوې وه

she didn't dread the time of his visit anymore

هغه نور د هغه د لیدو وخت نه داریده

now she often looked at her watch

اوس هغې ډیری وخت خپل ساعت ته کتل

and she couldn't wait for it to be nine o'clock

او هغې د نهو بجو انتظار نه شو کولی

because the Beast never missed coming at that hour

ځکه چې حیوان په هغه ساعت کې هیڅکله له لاسه نه دی ورکړی

there was only one thing that concerned Beauty

یوازې یو شی و چې ښکلا پورې اړه لري

every night before she went to bed the Beast asked her the same question

هره شپه مخکې له دې چې ویده شي حیوان ورته پوښتنه کوله

the monster asked her if she would be his wife

شیطان له هغې وپوښتل چې ایا هغه به د هغه میرمن وي؟

one day she said to him, "Beast, you make me very uneasy"

یوه ورځ هغې ورته وویل: "حیوان، ته ما ډیر نارامه کوې".

"I wish I could consent to marry you"

"کاش زه ستا سره د واده کولو رضایت کولی شم"

"but I am too sincere to make you believe I would marry you"

"مګر زه ډیر صادق یم چې تاسو باور وکړم چې زه به تا سره واده وکړم"

"our marriage will never happen"

"زموږ واده به هیڅکله نه وي"
"I shall always see you as a friend"
"زه به تل تاسو د یو ملګري په توګه وګورم"
"please try to be satisfied with this"
"مهرباني وکړئ هڅه وکړئ له دې څخه راضي شئ"
"I must be satisfied with this," said the Beast
حیوان وویل": زه باید له دې څخه راضي شم ".
"I know my own misfortune"
"زه خپله بدبختي پیژنم"
"but I love you with the tenderest affection"
"مګر زه تاسو سره په خورا نرمه مینه مینه لرم"
"However, I ought to consider myself as happy"
"په هرصورت، زه باید خپل ځان خوشحاله وګنم"
"and I should be happy that you will stay here"
"او زه باید خوشحاله شم چي تاسو به دلته پاتي شئ"
"promise me never to leave me"
"له ما سره ژمنه وکړه چي هیڅکله به ما پریږدي"
Beauty blushed at these words
ښکلا په دې الفاظو خپه شوه
one day Beauty was looking in her mirror
یوه ورځ ښکلا په خپل عکس کي لیده
her father had worried himself sick for her
د هغې پلار د هغې لپاره ځان اندېښنمن کړی و
she longed to see him again more than ever
هغې د بل هر وخت څخه ډیر د هغه د لیدو هیله وکړه
"I could promise never to leave you entirely"
"زه ژمنه کولی شم چي هیڅکله به تاسو په بشپړ ډول پریږدم"
"but I have so great a desire to see my father"
"مګر زه د خپل پلار سره د لیدو ډیره هیله لرم"
"I would be impossibly upset if you say no"
"زه به ناشونی وی که تاسو نه وایئ"
"I had rather die myself," said the monster
شیطان وویل": زه پخپله مړ شوی وم ".
"I would rather die than make you feel uneasiness"

"زه به د دې پرځای چې تاسو د نا امیدی احساس وکړم مړ شم "
"I will send you to your father"

"زه به ستا پلار ته ولیږم "
"you shall remain with him"

"تاسو به د هغه سره پاتې شئ "
"and this unfortunate Beast will die with grief instead"

"او دا بدبخته حیوان به د غم په ځای مړ شي "
"No," said Beauty, weeping

"نه، "ښکلا په ژړا وویل
"I love you too much to be the cause of your death"

"زه تا سره ډیره مینه لرم چې ستا د مرګ لامل شم "
"I give you my promise to return in a week"

"زه تاسو ته خپله ژمنه درکوم چې په یوه اونۍ کې به بیرته راشي "
"You have shown me that my sisters are married"

"تاسو ماته وښودله چې زما خویندې واده شوې دي "
"and my brothers have gone to the army"

"او زما ورونه پوځ ته تللي دي "
"let me stay a week with my father, as he is alone"

"ما ته اجازه راکړئ چې د خپل پلار سره یوه اونۍ پاتې شم، ځکه چې هغه یوازې دی "
"You shall be there tomorrow morning," said the Beast

حیوان وویل" :تاسو به سبا سهار هلته اوسئ ".
"but remember your promise"

"خو خپله وعده یاد ساته "
"You need only lay your ring on a table before you go to bed"

"تاسو اړتیا لرئ مخکې له دې چې ویده شئ خپله حلقه په میز کې واچوئ "
"and then you will be brought back before the morning"

"او بیا به تاسو د سهار څخه مخکې بیرته راورل شي "
"Farewell dear Beauty," sighed the Beast

"الوداع ګرانه ښکلا، "حیوان ساه ورکړه
Beauty went to bed very sad that night

ښکلا په هغه شپه ډېر غمجن بستر ته لاړ
because she didn't want to see Beast so worried
ځکه چې هغې نه غوښتل حیوان دومره اندېښمن ووینې
the next morning she found herself at her father's home
بل سهار هغې ځان د خپل پلار په کور کې وموند
she rung a little bell by her bedside
هغې د خپل بستر تر څنګ یو کوچنی زنګ وهلی
and the maid gave a loud shriek
او نوکرۍ په لوړ غږ چیغې کړې
and her father ran upstairs
او پلار یې پورته منډه کړه
he thought he was going to die with joy
هغه فکر کاوه چې هغه به په خوښۍ سره مړ شي
he held her in his arms for quarter of an hour
هغه یې د یو ساعت لپاره په غېږ کې ونیوله
eventually the first greetings were over
په نهایت کې لومړی سلامونه پای ته ورسیدل
Beauty began to think of getting out of bed
ښکلا د بستر څخه د وتلو فکر پیل کړ
but she realized she had brought no clothes
خو هغې پوهیده چې جامې یې نه دي راوړي
but the maid told her she had found a box
خو نوکری ورته وویل چې یو بکس یې پیدا کړی دی
the large trunk was full of gowns and dresses
لویه کڅوړه د جامو او جامو څخه ډکه وه
each gown was covered with gold and diamonds
هر جامو د سرو زرو او الماسونو پوښلی و
Beauty thanked Beast for his kind care
ښکلا د هغه د مهربانی پاملرنې لپاره حیوان څخه مننه وکړه
and she took one of the plainest of the dresses
او هغې یو له ساده جامو څخه واخیست
she intended to give the other dresses to her sisters
هغې اراده وکړه چې نورې جامې خپلو خویندو ته ورکړي
but at that thought the chest of clothes disappeared
خو په دې فکر کې د جامو سینه ورکه شوه
Beast had insisted the clothes were for her only

حیوان تینګار کاوه چي جامي یوازي د هغي لپاره وي
her father told her that this was the case

د هغي پلار ورته وویل چي دا قضیه وه
and immediately the trunk of clothes came back again

او سمدستي د جامو ډنډ بیرته راستانه شو
Beauty dressed herself with her new clothes

ښکلا په خپله نوي جامي اغوستي
and in the meantime maids went to find her sisters

او په همدي وخت کي نوکراني د خپلو خویندو د موندلو لپاره لاړي
both her sister were with their husbands

د هغي دواړه خور د خپلو میړونو سره وي
but both her sisters were very unhappy

خو د هغي دواړه خویندي ډېري ناخوښه وي
her eldest sister had married a very handsome gentleman

د هغي مشري خور له یو ډیر ښکلي سړي سره واده کړی و
but he was so fond of himself that he neglected his wife

خو هغه په خپل ځان دومره خوښ و چي د خپلي میرمني څخه یي سترګي پټي کړي
her second sister had married a witty man

د هغي دویمي خور له یو هوښیار سړي سره واده کړی و
but he used his wittiness to torment people

خو هغه خپله ښاهدي د خلکو د ځورولو لپاره کاروله
and he tormented his wife most of all

او هغه خپله ښځه تر ټولو ډیر ځورول
Beauty's sisters saw her dressed like a princess

د ښکلا خویندو هغه ولیده چي د شهزادګۍ په څېر جامي یي اغوستي وي
and they were sickened with envy

او هغوی په حسد اخته شول
now she was more beautiful than ever

اوس هغه د پخوا په پرتله ډیره ښکلي وه
her affectionate behaviour could not stifle their jealousy

د هغي په زړه پوري چلند نشي کولی د دوی حسد کم کړي
she told them how happy she was with the Beast

هغي ورته وویل چي هغه د حیوان سره څومره خوشحاله ده
and their jealousy was ready to burst

او د دوی حسد ماتولو ته چمتو و

They went down into the garden to cry about their misfortune
دوی د خپلي بدبختی په اړه د ژړا لپاره باغ ته لاړل

"In what way is this little creature better than us?"
"په کوم ډول دا کوچنی مخلوق زموږ څخه غوره دی؟"

"Why should she be so much happier?"
"ولي باید دومره خوشحاله وي؟"

"Sister," said the older sister
"خور، "مشري خور ووېل

"a thought just struck my mind"
"یو فکر مي ذهن ته راغی"

"let us try to keep her here for more than a week"
"راځئ هڅه وکړو چي هغه د یوې اوني څخه ډېر دلته وساتو"

"perhaps this will enrage the silly monster"
"شاید دا به احمق شیطان غوسه کړي"

"because she would have broken her word"
"ځکه چي هغې به خپله خبره مات کړې وي"

"and then he might devour her"
"او بیا به هغه وخوري"

"that's a great idea," answered the other sister
بلي خور ځواب ورکړ" :دا یو ښه نظر دی".

"we must show her as much kindness as possible"
"موږ باید هغې ته د امکان تر حده مهربانی وښیو"

the sisters made this their resolution
خوېندو دا پرېکړه وکړه

and they behaved very affectionately to their sister
او دوی له خپلي خور سره په ډېره مینه چلند کاوه

poor Beauty wept for joy from all their kindness
بي وزله ښکلا د خپل ټول مهربانی څخه د خوښی لپاره ژړل

when the week was expired, they cried and tore their hair
کله چي اوني پای ته ورسېده، دوی ژړل او خپل وېښتان یې پرې کړل

they seemed so sorry to part with her
دوی د هغي سره د جلا کېدو لپاره ډېر خواشیني ښکاري

and Beauty promised to stay a week longer

او ښکلا ژمنه وکړه چې یوه اونۍ نور پاتې شي
In the meantime, Beauty could not help reflecting on herself
په ورته وخت کې، ښکلا نشي کولی د خپل ځان په انعکاس کې مرسته وکړي
she worried what she was doing to poor Beast
هغه اندېښمنه وه چې هغه د بې وزله حیوان سره څه کوي
she know that she sincerely loved him
هغه پوهېږي چې هغه په ريښتيا سره مينه لري
and she really longed to see him again
او هغه واقعیا د هغه د بیا لیدو هیله درلوده
the tenth night she spent at her father's too
لسمه شپه یې هم د خپل پلار په کور کې تېره کړه
she dreamed she was in the palace garden
هغې خوب ولید چې هغه د ماڼۍ په باغ کې ده
and she dreamt she saw the Beast extended on the grass
او خوب یې ولید چې حیوان په واښه غزیدلی دی
he seemed to reproach her in a dying voice
داسې برېښېده چې په مړانه غږ یې ملامتوي
and he accused her of ingratitude
او هغه یې په ناشکرۍ تورن کړ
Beauty woke up from her sleep
ښکلا له خوبه پاڅېده
and she burst into tears
او هغې اوښکې توۍ شوې
"Am I not very wicked?"
"ایا زه ډېر بد کار نه یم؟"
"Was it not cruel of me to act so unkindly to the Beast?"
"ایا دا زما سره ظلم نه و چې د حیوان سره دومره بې رحمه چلند وکړم؟"
"Beast did everything to please me"
"حیوان زما د خوښولو لپاره هر څه وکړل"
"Is it his fault that he is so ugly?"
"ایا دا د هغه ګناه ده چې هغه دومره بدمرغه دی؟"
"Is it his fault that he has so little wit?"
"ایا دا د هغه ګناه ده چې هغه دومره لږ عقل لري؟"
"He is kind and good, and that is sufficient"

"هغه مهربان او ښه دی، او دا کافي دی"

"Why did I refuse to marry him?"

"ولې ما له واده کولو انکار وکړ؟"

"I should be happy with the monster"

"زه باید د شیطان سره خوشحاله شم"

"look at the husbands of my sisters"

"زما د خویندو میړونو ته وګوره"

"neither wittiness, nor a being handsome makes them good"

"نه شاهدي، او نه هم ښکلی دوی ښه کوي"

"neither of their husbands makes them happy"

"د دوی هیڅ میړه دوی خوشحاله نه کوي"

"but virtue, sweetness of temper, and patience"

"مګر فضیلت، د مزاج خوږ، او صبر"

"these things make a woman happy"

"دا شیان ښځه خوشحاله کوي"

"and the Beast has all these valuable qualities"

"او حیوان دا ټول ارزښتناک خصوصیات لري"

"it is true; I do not feel the tenderness of affection for him"

"دا رښتیا ده؛ زه د هغه لپاره د مینې احساس نه کوم"

"but I find I have the highest gratitude for him"

"مګر زه وموم چی زه د هغه لپاره ترټولو زیاته مننه کوم"

"and I have the highest esteem of him"

"او زه د هغه لوړ درناوی لرم"

"and he is my best friend"

"او هغه زما تر ټولو ښه ملګری دی"

"I will not make him miserable"

"زه به هغه بدبخته نه کړم"

"If were I to be so ungrateful I would never forgive myself"

"که زه دومره ناشکره وای ما به هیڅکله خپل ځان نه بخښلی"

Beauty put her ring on the table

ښکلا خپله حلقه په میز کیښوده

and she went to bed again

او هغه بیا بستر ته لاړه

scarce was she in bed before she fell asleep

هغه کمه وه مخکي له دي چي ويده شي په بستر کي وه

she woke up again the next morning

هغه بل سهار بيا له خوبه پاڅېده

and she was overjoyed to find herself in the Beast's palace

او هغه د حيوان په ماڼۍ کي د ځان په موندلو ډېره خوشحاله وه

she put on one of her nicest dress to please him

هغې د هغه د خوښولو لپاره خپله يوه غوره جامي اغوستي

and she patiently waited for evening

او هغې په صبر سره د ماښام انتظار وکړ

at last the wished-for hour came

په نهايت کي مطلوب ساعت راغی

the clock struck nine, yet no Beast appeared

د ساعت نهه بجي وې خو هيڅ حيوان نه ښکارېده

Beauty then feared she had been the cause of his death

ښکلا بيا ويره درلوده چي هغه به د هغه د مړيني لامل وي

she ran crying all around the palace

هغه د ماڼۍ شاوخوا په ژړا ورغله

after having sought for him everywhere, she remembered her dream

وروسته له دې چي هر ځای يې د هغه په لټه کي شو، هغې خپل خوب ياد کړ

and she ran to the canal in the garden

او هغه په باغ کي نهر ته ورغله

there she found poor Beast stretched out

هلته هغې بې وزله حيوان لټولی و

and she was sure she had killed him

او هغه ډاډه وه چي هغه يې وژلی دی

she threw herself upon him without any dread

هغې پرته له کومې ويرې ځان په هغه باندي وغورځاوه

his heart was still beating

زړه يې لا هم تکان و

she fetched some water from the canal

هغې له کانال څخه اوبه راوړي

and she poured the water on his head

او هغې اوبه د هغه په سر کي واچولي

the Beast opened his eyes and spoke to Beauty

حیوان سترګي پرانیستي او له ښکلا سره یې خبرې وکړې

"You forgot your promise"

"تا خپله وعده هېره کړه "

"I was so heartbroken to have lost you"

"زما زړه مات شو چې تا له لاسه ورکړ "

"I resolved to starve myself"

"ما هود وکړ چې ځان وږی کړم "

"but I have the happiness of seeing you once more"

"مګر زه یو ځل بیا ستا په لیدو خوښ یم "

"so I have the pleasure of dying satisfied"

"نو زه د رضایت له مرګ څخه خوښ یم "

"No, dear Beast," said Beauty, "you must not die"

"نه، ګرانه حیوان، "ښکلا وویل،" ته باید مړ نشي "

"Live to be my husband"

"زما میړه کیدو لپاره ژوند وکړئ "

"from this moment I give you my hand"

"له دې شیبې څخه زه تاسو ته خپل لاس درکوم "

"and I swear to be none but yours"

"او قسم خورم چې ستا نه بل څوک نه یم "

"Alas! I thought I had only a friendship for you"

"افسوس !ما فکر کاوه چې ما یوازې ستاسو لپاره ملګرتیا درلوده "

"but the grief I now feel convinces me;"

"مګر هغه غم چې زه اوس احساس کوم ما قانع کوي؛ "

"I cannot live without you"

"زه ستاسو پرته ژوند نشم کولی "

Beauty scarce had said these words when she saw a light

د ښکلا کمښت دا کلمې هغه وخت ویلي وو کله چې هغې رڼا ولیدله

the palace sparkled with light

ماڼۍ په رڼا روښانه شوه

fireworks lit up the sky

اور وژونکو آسمان روښانه کړ

and the air filled with music

او هوا له موسیقۍ ډکه شوه

everything gave notice of some great event

هرڅه د یوې لویې پیښې خبرتیا ورکړه

but nothing could hold her attention

مګر هیڅ شی د هغې پاملرنه نشي کولی

she turned to her dear Beast

هغې خپل ګران حیوان ته مخه کړه

the Beast for whom she trembled with fear

هغه حیوان چې د هغې لپاره یې په ویره لړزېده

but her surprise was great at what she saw!

مګر د هغې حیرانتیا په هغه څه کې وه چې هغې ولیدل !

the Beast had disappeared

حیوان ورک شوی و

instead she saw the loveliest prince

پرځای یې هغه تر ټولو ښکلی شهزاده ولید

she had put an end to the spell

هغې جادو ته د پای ټکی کیښود

a spell under which he resembled a Beast

یو جادو چې لاندې یې هغه یو حیوان ته ورته و

this prince was worthy of all her attention

دا شهزاده د ټولو پام وړ و

but she could not help but ask where the Beast was

مګر هغې مرسته ونشوه کولی مګر پوښتنه یې وکړه چې حیوان چیرته دی

"You see him at your feet," said the prince

شهزاده وویل" :تاسو هغه په خپلو پښو وینئ ".

"A wicked fairy had condemned me"

"یو بدمرغه پری ما غندلې وه "

"I was to remain in that shape until a beautiful princess agreed to marry me"

"زه به په دې شکل کې پاتې شم تر څو چې یوه ښکلې شهزادګۍ له ما سره واده وکړي "

"the fairy hid my understanding"

"پری زما پوهه پټه کړه "

"you were the only one generous enough to be charmed by the goodness of my temper"

"تاسو يوازينې سخاوت لرونکی ياست چې زما د مزاج د ښه والي له امله زړه راښکونکی شئ"

Beauty was happily surprised

ښکلا په خوښۍ سره حيرانه شوه

and she gave the charming prince her hand

او هغې په زړه پورې شهزاده ته خپل لاس ورکړ

they went together into the castle

دوی يوځای کلا ته لاړل

and Beauty was overjoyed to find her father in the castle

او ښکلا په کلا کې د خپل پلار په موندلو ډېره خوشحاله وه

and her whole family were there too

او د هغې ټوله کورنۍ هم هلته وه

even the beautiful lady that appeared in her dream was there

حتی هغه ښکلې ښځه چې د هغې په خوب کې ښکاره شوه هلته وه

"Beauty," said the lady from the dream

"ښکلا،" د خوب ښځه مېرمن ووېل

"come and receive your reward"

"راشئ او خپل انعام تر لاسه کړئ"

"you have preferred virtue over wit or looks"

"تاسو فضيلت ته د عقل يا نظر په پرتله ترجيح ورکړې ده"

"and you deserve someone in whom these qualities are united"

"او تاسو د هغه چا مستحق ياست چې په هغه کې دا خانګړتياوې متحد وي"

"you are going to be a great queen"

"تاسو به يوه لويه ملکه شئ"

"I hope the throne will not lessen your virtue"

"زه اميد لرم چې تخت به ستاسو فضيلت کم نه کړي"

then the fairy turned to the two sisters

بيا پرۍ دواړو خويندو ته مخ شو

"I have seen inside your hearts"

"ما ستاسو په زړونو کې ليدلی دی"

"and I know all the malice your hearts contain"

"او زه پوهېږم چې ستاسو په زړونو کې ټول هغه بدمرغی شتون لري"

"you two will become statues"

"تاسو دواړه به مجسمې شئ "

"but you will keep your minds"

"مګر تاسو به خپل ذهن وساتئ "

"you shall stand at the gates of your sister's palace"

"تاسو به د خپلې خور د ماڼۍ په دروازو کې ودریږئ "

"your sister's happiness shall be your punishment"

"ستا د خور خوښي به ستاسو سزا وي "

"you won't be able to return to your former states"

"تاسو به نشئ کولی خپلو پخوانیو ایالتونو ته راستون شئ "

"unless, you both admit your faults"

"تر هغه چې تاسو دواړه خپلې خطاګانې ونه منئ "

"but I am foresee that you will always remain statues"

"مګر زه وراندوینه کوم چې تاسو به تل مجسمې پاتې شئ "

"pride, anger, gluttony, and idleness are sometimes conquered"

"کبر، غوسه، ستړیا او ستړیا کله ناکله فتح کیږي "

"but the conversion of envious and malicious minds are miracles"

"مګر د حسد او ناوړه ذهنونو تبادله معجزه ده "

immediately the fairy gave a stroke with her wand

سمدستي پرۍ د خپل لښتي سره یو ګوزار ورکړ

and in a moment all that were in the hall were transported

او په یوه شیبه کې ټول هغه څه چې په تالار کې وو لیږدول شوي

they had gone into the prince's dominions

دوی د شهزاده واکمنۍ ته تللي وو

the prince's subjects received him with joy

د شهزاده تابعینو هغه په خوښۍ سره ومانه

the priest married Beauty and the Beast

پادري د ښکلا او حیوان سره واده وکړ

and he lived with her many years

او هغه د هغې سره ډیر کلونه ژوند وکړ

and their happiness was complete

او د هغوی خوښي بشپړه شوه

because their happiness was founded on virtue
ځکه چي د دوی خوښي په فضیلت ولاړه وه

The End
پای

www.tranzlaty.com

www.ingramcontent.com/pod-product-compliance
Lightning Source LLC
Chambersburg PA
CBHW012013090526
44590CB00026B/3989
* 9 7 8 1 8 3 5 6 6 9 8 3 9 *